Hazte Rico Vendiendo

Lucie Dupont

Lucie Dupont

Lucie Dupont

Página de Derechos de Autor

Indice

Lucie Dupont

El Poder de las Ventas

El poder de las ventas es una fuerza transformadora que puede cambiar la vida de una persona. Las ventas no son solo la base del comercio, sino una habilidad esencial que cualquier persona puede aprender para mejorar su vida económica y personal. A menudo se piensa que solo algunos pocos "nacen" con el talento de vender, pero la verdad es que cualquiera puede desarrollar esta habilidad con dedicación y práctica. Vender no es solo ofrecer un producto o servicio, sino comprender cómo influir en las decisiones de los demás, cómo comunicar el valor de lo que tienes y, sobre todo, cómo ayudar a las personas a resolver sus problemas.

Cuando hablamos de ventas, nos referimos a una herramienta poderosa que no solo te permitirá ganar más dinero, sino que también te ayudará a crecer como persona. Al aprender a vender, no solo estás dominando un conjunto de técnicas para intercambiar bienes o servicios por dinero, estás desarrollando una habilidad que te acompañará toda la vida. Saber vender te abre puertas que de otro modo permanecerían cerradas. Te permite conectarte con personas, crear relaciones valiosas y generar oportunidades en cualquier lugar y en cualquier momento. Vender es la capacidad de crear soluciones donde otros ven problemas, de encontrar oportunidades donde otros ven obstáculos.

Las ventas están en todas partes. Desde el pequeño comerciante que ofrece sus productos en el mercado hasta el empresario multimillonario que cierra contratos gigantescos, todos, de una manera u otra, están vendiendo algo. Incluso cuando no te dedicas a las ventas directamente, siempre estás vendiendo algo, ya sea una idea, una propuesta o incluso a ti mismo. Piensa en una entrevista de trabajo: estás vendiendo tu experiencia y habilidades al empleador. En una cita, estás vendiendo tu personalidad, tu forma de ser. En una conversación con amigos, estás vendiendo tus opiniones. Las ventas son, en esencia, una parte fundamental de la vida diaria.

A través de las ventas puedes alcanzar una libertad financiera que pocos trabajos tradicionales te ofrecen. A diferencia de muchos empleos donde tu ingreso está limitado a un salario fijo, en las ventas tu ganancia depende de tus resultados. Si te vuelves bueno en esto, no hay límite en cuánto puedes ganar. Las ventas te brindan la posibilidad de generar tus propios ingresos, de no depender de un jefe o de una empresa para saber cuánto dinero recibirás a fin de mes. Esto, por supuesto, requiere esfuerzo y dedicación. Pero una vez que dominas el arte de vender, las recompensas pueden ser asombrosas. Puedes crear tu propio negocio, ser tu propio jefe y controlar tu propio destino.

Vender no es solo intercambiar un producto por dinero. Es crear valor. El mejor vendedor no es aquel que simplemente persuade a alguien de comprar algo que no necesita. Es aquel que identifica una necesidad o un problema en su cliente y le ofrece una solución real. Cuando logras esto, creas una relación de confianza, y cuando hay confianza, las ventas fluyen de manera natural. La gente vuelve una y otra vez porque sabe que puedes ayudarles, que puedes ofrecerles algo que realmente mejora sus vidas o resuelve un problema que tienen. Esta es la verdadera magia de las ventas: ayudar a otros mientras te ayudas a ti mismo.

Además, las ventas te enseñan habilidades que son útiles en todas las áreas de la vida. A través de la venta, aprendes a comunicarte mejor, a negociar, a persuadir, a escuchar activamente, a entender lo que la otra persona realmente necesita. Estas son habilidades que no solo te harán mejor vendedor, sino también una persona más completa. La comunicación es clave en cualquier relación, ya sea personal o profesional, y las ventas te obligan a perfeccionar esta habilidad.

Las ventas también te enseñan a ser resiliente. En el mundo de las ventas, el rechazo es común, y muchos lo ven como un obstáculo insuperable. Pero aquí es donde radica uno de los grandes secretos de los vendedores exitosos: no temen al rechazo, lo ven como parte del proceso. Saben que cada "no" los acerca a un "sí". Aprender a manejar el rechazo y a no rendirse ante las primeras dificultades es una lección de vida invaluable que las ventas te pueden enseñar. La persistencia es clave en cualquier área de éxito, y en las ventas se convierte en una cualidad esencial.

La belleza de las ventas es que no necesitas un título universitario para triunfar. No necesitas una gran inversión inicial. Lo que necesitas es dedicación, ganas de aprender y el deseo de mejorar constantemente. Todo el mundo puede empezar a vender en algún nivel, ya sea un producto propio, un servicio o incluso como intermediario vendiendo los productos de otros. La clave está en empezar, en aprender de cada experiencia y en nunca dejar de perfeccionar tu técnica.

El poder de las ventas es la puerta de entrada hacia la independencia económica. Es el medio para dejar de depender de un salario fijo y empezar a construir tu propio futuro. Pero más allá de las recompensas económicas, las ventas también te brindan la oportunidad de ayudar a otros, de mejorar sus vidas y de crear relaciones significativas. No importa en qué etapa de tu vida te encuentres, siempre puedes aprender a vender, y al hacerlo, estarás dando un paso importante hacia un futuro más próspero y satisfactorio.

En resumen, las ventas son una herramienta increíblemente poderosa. No se trata solo de dinero, sino de la capacidad de influir, de conectar con otros, de resolver problemas y de crear valor. A través de las ventas, no solo puedes hacerte rico, sino que también puedes transformar tu vida en múltiples niveles. Vender es más que una profesión, es una forma de vida que, una vez que la dominas, te abrirá un mundo de oportunidades sin límites.

Cómo Piensan los Grandes Vendedores

La mentalidad de los grandes vendedores es lo que realmente los diferencia de los demás. Para ellos, vender no es solo una actividad o un trabajo; es una forma de ver el mundo. Mientras que muchas personas ven el proceso de venta como una tarea difícil, estresante o incluso desagradable, los grandes vendedores lo ven como una oportunidad. Ellos saben que cada interacción con un cliente es una puerta abierta hacia el éxito, una oportunidad para mejorar sus habilidades, crecer y, por supuesto, aumentar sus ingresos. Pero todo comienza en la forma en que piensan, en la mentalidad que tienen al enfrentarse a cada venta.

Uno de los aspectos clave de cómo piensan los grandes vendedores es su creencia en el producto o servicio que están vendiendo. Para ellos, no se trata solo de conseguir una venta, sino de ofrecer algo que realmente ayude al cliente. Tienen una convicción profunda de que lo que venden puede hacer una diferencia en la vida de la persona que lo compra. Esta creencia es lo que les da confianza al hablar, porque saben que están ofreciendo algo valioso. Y esa confianza es contagiosa. Cuando un vendedor está seguro de que su producto es excelente, esa seguridad se transmite al cliente y hace que sea mucho más fácil lograr una venta.

Los grandes vendedores también entienden que el rechazo es parte del proceso. Donde muchos podrían desanimarse ante un "no", ellos ven cada rechazo como un paso más hacia el "sí". No toman el rechazo de manera personal. Saben que no es un reflejo de ellos como personas ni de su habilidad como vendedores. Simplemente, entienden que no todos los clientes estarán interesados en lo que tienen para ofrecer en ese momento, y eso está bien. En lugar de rendirse, aprenden de cada situación, ajustan su enfoque y continúan adelante. Para ellos, cada "no" es solo una oportunidad para mejorar y acercarse a la próxima venta.

Otro aspecto importante de su mentalidad es la perseverancia. Los grandes vendedores no se rinden fácilmente. Saben que muchas veces, la diferencia entre el éxito y el fracaso en las ventas está en la capacidad de seguir intentándolo. No importa cuántas veces las cosas no salgan como esperaban, ellos continúan avanzando. Esta persistencia les permite superar obstáculos que detendrían a otras personas. Saben que el éxito en las ventas no siempre es inmediato, pero que aquellos que siguen adelante, incluso cuando las cosas se ponen difíciles, son los que al final logran grandes resultados.

Los grandes vendedores también son extremadamente curiosos. Siempre están buscando maneras de mejorar y aprender más sobre su industria, sus productos y, sobre todo, sus clientes. Saben que cuanto más comprendan a sus clientes, más fácil será satisfacer sus necesidades. Por eso hacen preguntas, escuchan atentamente y observan. Esta curiosidad les permite identificar problemas que tal vez el cliente ni siquiera sabía que tenía, y les da la oportunidad de ofrecer soluciones que realmente marcan la diferencia. No solo venden, sino que ayudan. Y al ayudar, crean relaciones duraderas que resultan en clientes fieles.

La capacidad de establecer metas claras es otra característica fundamental de la mentalidad de los grandes vendedores. Ellos no van por la vida sin dirección, esperando que las cosas sucedan. Al contrario, establecen objetivos específicos y trabajen con determinación para alcanzarlos. Estos objetivos no solo están relacionados con la cantidad de ventas que quieren lograr, sino también con el crecimiento personal y profesional. Saben que para mejorar como vendedores, deben desafiarse a sí mismos constantemente. Se plantean metas que los obliguen a salir de su zona de confort, y ese esfuerzo extra es lo que les permite destacarse.

Además, los grandes vendedores tienen una mentalidad de abundancia. No piensan que el mercado es limitado ni que el éxito de los demás les quita oportunidades a ellos. Al contrario, ven un mundo lleno de posibilidades y creen que siempre hay más que ofrecer, más personas a quienes ayudar y más negocios por cerrar. Esta mentalidad les permite mantenerse positivos, incluso en momentos de dificultad. Saben que siempre habrá más oportunidades por venir si continúan trabajando duro y manteniéndose enfocados. No pierden el tiempo preocupándose por lo que no tienen, sino que se concentran en crear más de lo que quieren.

La empatía es otra cualidad que define a los grandes vendedores. Ellos no solo ven a sus clientes como una fuente de ingresos, sino como personas con necesidades y deseos reales. Se ponen en los zapatos del cliente y tratan de entender lo que realmente les preocupa. Esta empatía les permite conectarse a un nivel más profundo y establecer relaciones de confianza. Al comprender al cliente, pueden adaptar su mensaje de manera que resuene mejor con lo que el cliente está buscando. En lugar de solo vender un producto, se convierten en asesores de confianza que realmente están ahí para ayudar.

La disciplina es una característica clave de la mentalidad de un gran vendedor. Ellos saben que el éxito no llega de la noche a la mañana y que las pequeñas acciones diarias son las que llevan a los grandes logros. Por eso son consistentes en su esfuerzo. Tienen rutinas claras, hacen llamadas de ventas, siguen buscando nuevos clientes, revisan sus metas y ajustan sus estrategias. No dependen de la motivación para actuar, sino de la disciplina para mantenerse enfocados, incluso cuando no tienen ganas de hacerlo. Saben que la clave del éxito está en la constancia y que cada pequeño paso cuenta.

Finalmente, los grandes vendedores tienen una actitud positiva frente a los desafíos. Donde otros ven problemas, ellos ven oportunidades. Saben que los obstáculos son inevitables, pero también saben que cada desafío es una oportunidad para aprender y crecer. Esta actitud optimista les permite seguir adelante con entusiasmo, incluso cuando las cosas no salen como esperaban. En lugar de enfocarse en las dificultades, se concentran en encontrar soluciones y seguir avanzando.

En resumen, la forma en que piensan los grandes vendedores es lo que les permite sobresalir. Su confianza en el valor de lo que ofrecen, su perseverancia ante el rechazo, su curiosidad por aprender, su empatía hacia los clientes y su actitud positiva frente a los desafíos son las claves que los llevan al éxito. No ven las ventas como un simple intercambio de productos, sino como una oportunidad para mejorar la vida de los demás y, al mismo tiempo, alcanzar sus propias metas. Al adoptar esta mentalidad, cualquiera puede comenzar a pensar y actuar como un gran vendedor y, eventualmente, cosechar los mismos resultados.

La Clave para Vender Más

La clave para vender más no está en ser el más elocuente ni en tener el mejor producto, sino en conocer profundamente a tu cliente. Esta es la verdadera esencia de las ventas exitosas. Si no sabes a quién le estás vendiendo, difícilmente podrás ofrecerle algo que realmente quiera o necesite. Muchos vendedores cometen el error de centrarse únicamente en su producto o en las características de lo que están ofreciendo, pero los grandes vendedores saben que el cliente es lo primero. Ellos entienden que si pueden identificar lo que su cliente realmente busca, lo que le preocupa o lo que necesita resolver, vender será una consecuencia natural.

Conocer a tu cliente significa mucho más que saber su nombre o su edad. Significa entender qué lo motiva, cuáles son sus problemas, sus deseos y sus aspiraciones. Para vender más, necesitas convertirte en un detective. Esto no significa que tengas que hacer preguntas intrusivas o incomodar a la persona, pero sí debes estar dispuesto a escuchar más de lo que hablas. Muchas veces, los vendedores creen que tienen que ser quienes llevan toda la conversación, hablando sin parar sobre los beneficios de su producto o servicio. Sin embargo, la verdadera magia de las ventas está en escuchar activamente. Cuando escuchas, obtienes pistas valiosas sobre lo que realmente necesita tu cliente.

Los grandes vendedores son expertos en hacer las preguntas correctas. No se conforman con respuestas superficiales, sino que profundizan en la conversación para descubrir las necesidades más profundas de su cliente. Preguntan cosas como "¿Qué te preocupa más en este momento?" o "¿Qué solución sería ideal para ti?". Estas preguntas abren la puerta a conversaciones significativas, y en esas conversaciones, los clientes revelan información clave que puede ser la diferencia entre una venta exitosa o un cliente que se va sin comprar.

Otro aspecto importante de conocer a tu cliente es comprender sus emociones. Las personas no compran solo por razones lógicas, también compran por razones emocionales. De hecho, la mayoría de las decisiones de compra están impulsadas por emociones, aunque a menudo no nos demos cuenta de ello. Las personas compran para sentirse mejor, para solucionar un problema que les causa ansiedad o para alcanzar una meta que les da satisfacción. Si puedes identificar qué emociones están en juego durante el proceso de compra, estarás un paso más cerca de hacer la venta. Por ejemplo, si un cliente está buscando un seguro, puede que lo que realmente busque sea tranquilidad para su familia. En ese caso, no le estás vendiendo solo un seguro, le estás vendiendo paz mental.

Para vender más, también es crucial que segmentes a tus clientes. No todos los clientes son iguales, y lo que funciona con uno puede no funcionar con otro. Un error común es tratar a todos los clientes de la misma manera, cuando en realidad, cada uno tiene necesidades y motivaciones diferentes. Algunos pueden estar más preocupados por el precio, mientras que otros valoran más la calidad o el servicio. Al entender las diferencias entre tus clientes, puedes personalizar tu enfoque y ofrecerles exactamente lo que necesitan. Este nivel de personalización no solo te ayudará a vender más, sino que también hará que los clientes se sientan valorados y comprendidos.

Otro punto clave es que, al conocer a tu cliente, también aprendes a identificar los momentos oportunos para ofrecer tu producto. En las ventas, el tiempo lo es todo. A veces, puedes tener el producto adecuado y al cliente correcto, pero si no es el momento adecuado para esa persona, la venta no se concretará. Por eso, los grandes vendedores saben leer las señales y reconocer cuándo es el mejor momento para presentar su oferta. Esto puede significar esperar un poco más, o a veces ser más directo si ven que el cliente está listo para tomar una decisión.

Además, conocer a tu cliente implica entender su entorno y los factores que pueden influir en su decisión de compra. Por ejemplo, un cliente puede estar interesado en tu producto, pero si su entorno no lo apoya o si está siendo influenciado por otros factores, puede dudar en realizar la compra. Los grandes vendedores no solo venden al individuo, sino que también toman en cuenta las influencias externas. Esto puede incluir la opinión de su familia, amigos, o incluso las tendencias del mercado. Saber cómo manejar estas influencias externas te permitirá superar objeciones y cerrar más ventas.

Conocer a tu cliente también te ayuda a anticipar sus objeciones. Cada cliente tiene dudas o preocupaciones antes de realizar una compra, y si puedes anticiparlas, estarás mejor preparado para abordarlas de manera efectiva. Al escuchar y observar a tus clientes, puedes identificar qué es lo que les preocupa. ¿Es el precio? ¿Es la funcionalidad del producto? ¿Es la reputación de la empresa? Una vez que identificas estas objeciones, puedes resolverlas antes de que se conviertan en un problema. Los grandes vendedores no esperan a que el cliente exprese sus preocupaciones, sino que las abordan de manera proactiva.

Finalmente, conocer a tu cliente no es algo que se haga una sola vez. Es un proceso continuo. Los clientes cambian, sus necesidades cambian, y tú debes estar dispuesto a adaptarte. Para vender más, necesitas estar en constante aprendizaje, no solo sobre tus productos o servicios, sino también sobre las personas a las que se los vendes. Esto requiere estar siempre atento a sus necesidades, escuchar sus comentarios y ajustar tu enfoque cuando sea necesario. Los grandes vendedores saben que el mercado está en constante evolución, y por eso, siempre están buscando nuevas formas de conectar con sus clientes.

En resumen, la clave para vender más no está en ser el mejor orador o en tener el producto más impresionante. La verdadera clave es conocer profundamente a tu cliente, entender sus necesidades, sus deseos y sus preocupaciones. Al hacerlo, puedes ofrecer soluciones que realmente importen y crear relaciones que duren. Esto no solo te ayudará a vender más, sino que también te permitirá construir una base sólida de clientes leales que volverán a ti una y otra vez. La venta, al final del día, es un acto de servicio. Y cuanto mejor conozcas a quienes sirves, más exitoso serás.

Crear Propuestas Irresistibles

Crear propuestas irresistibles es una de las claves más poderosas para vender más y cerrar tratos de manera consistente. No se trata solo de ofrecer algo bueno, sino de presentar una oferta que sea tan atractiva para el cliente que le resulte difícil decir que no. Para lograrlo, debes entender que una propuesta irresistible no depende únicamente del precio o de las características de tu producto o servicio, sino de cómo haces que el cliente vea el valor que puede obtener. A menudo, los clientes no compran solo por lo que ven, sino por cómo se sienten al respecto. Tu trabajo es hacer que se sientan emocionados, convencidos y seguros de que tu oferta es la mejor opción.

El primer paso para crear una propuesta irresistible es conocer profundamente a tu cliente. Si no entiendes lo que tu cliente realmente necesita o lo que le preocupa, será difícil diseñar una oferta que le hable directamente. Por ejemplo, si estás vendiendo un producto de tecnología avanzada a alguien que no es muy experto en tecnología, hablar de características técnicas no será efectivo. En su lugar, deberías enfocarte en cómo ese producto le hará la vida más fácil o resolverá un problema que tiene. Para que una propuesta sea irresistible, debe responder a una necesidad específica y relevante del cliente. Esto solo se logra si antes has hecho el trabajo de escuchar y comprender.

Una vez que tienes claro lo que tu cliente necesita, debes centrarte en comunicar el valor de tu oferta de una manera que sea clara y atractiva. Aquí es donde muchos vendedores se equivocan: en lugar de hablar sobre cómo su producto o servicio beneficiará al cliente, se enfocan en características superficiales o en comparaciones con la competencia. Las personas no compran productos o servicios, compran soluciones a sus problemas. Tu propuesta debe estar enfocada en resolver un problema o mejorar la vida del cliente de alguna manera significativa. Cuanto más claro y directo seas en explicar cómo tu oferta lo logrará, más irresistible será.

Otro aspecto crucial para crear propuestas irresistibles es añadir algo extra que haga que el cliente sienta que está recibiendo un valor excepcional. Esto no significa necesariamente que debas reducir el precio o dar grandes descuentos. De hecho, una propuesta irresistible no se trata de ser la opción más barata, sino de ofrecer algo que haga que el cliente sienta que está obteniendo mucho más de lo que esperaba. Este "extra" puede ser algo tan simple como un servicio adicional, un bono especial, un período de prueba más largo o una garantía extendida. Lo importante es que sea algo que el cliente perciba como valioso y que no pueda encontrar fácilmente en otro lugar.

La escasez y la urgencia también son elementos poderosos para hacer que una propuesta sea irresistible. Cuando las personas sienten que tienen tiempo ilimitado para tomar una decisión, tienden a postergar o reconsiderar. Sin embargo, si haces que tu oferta sea limitada en tiempo o en cantidad, estás incentivando al cliente a actuar de inmediato. Por ejemplo, podrías ofrecer un descuento o un bono solo por un período limitado, o hacer que la oferta esté disponible solo para las primeras personas que la acepten. La idea no es presionar al cliente de manera incómoda, sino crear una sensación genuina de urgencia que los motive a tomar acción antes de perder la oportunidad.

La confianza también es un factor decisivo para que una propuesta sea irresistible. Si el cliente no confía en ti o en tu producto, será muy difícil que acepte cualquier oferta, por más atractiva que parezca. Aquí es donde las garantías juegan un papel importante. Ofrecer una garantía sólida que elimine el riesgo para el cliente puede hacer que se sientan mucho más seguros al tomar una decisión. Una garantía de devolución de dinero, por ejemplo, envía el mensaje de que confías tanto en tu producto o servicio que estás dispuesto a devolver el dinero si no cumplen con las expectativas del cliente. Esto reduce la sensación de riesgo y aumenta la probabilidad de que el cliente diga que sí.

Un error común que cometen muchos vendedores al crear propuestas es sobrecargar al cliente con demasiada información. Cuando una oferta es demasiado complicada o confusa, el cliente se siente abrumado y es más probable que posponga la decisión de compra. Una propuesta irresistible debe ser simple, clara y fácil de entender. Si puedes explicar los beneficios de tu oferta en pocas palabras, estarás en el camino correcto. La simplicidad es clave porque reduce las barreras mentales que los clientes pueden tener. Si tu propuesta es directa y al punto, el cliente no tendrá que esforzarse para entender por qué debería aceptarla.

Otro componente importante de una propuesta irresistible es demostrar que otros ya han obtenido resultados positivos con lo que ofreces. Las personas confían en la experiencia de otros, y las pruebas sociales, como testimonios, estudios de caso o recomendaciones, pueden marcar la diferencia. Cuando un cliente ve que otros han tenido éxito con tu producto o servicio, se siente más seguro y confiado de que también será una buena decisión para ellos. Si puedes incluir testimonios genuinos de clientes que han visto resultados gracias a tu oferta, tu propuesta se vuelve mucho más convincente.

Además de todo esto, una propuesta irresistible debe ser personalizada. No todos los clientes son iguales, y una oferta genérica rara vez tendrá el mismo impacto que una adaptada a las necesidades específicas del cliente. Si puedes mostrar que tu propuesta ha sido creada pensando en las particularidades de esa persona o empresa, el cliente sentirá que está recibiendo algo especial. Personalizar la oferta no significa que debas hacer un cambio radical en lo que ofreces, pero sí que debes presentar la información de manera que el cliente sienta que se ajusta perfectamente a lo que él o ella necesita.

Por último, la presentación de la propuesta también es fundamental. No importa cuán buena sea tu oferta si la manera en que la presentas no capta la atención del cliente. Una presentación atractiva, clara y bien organizada puede hacer que una oferta promedio parezca mucho más valiosa. Cuida los detalles de cómo entregas tu propuesta, ya sea en persona, por escrito o por medio digital. Asegúrate de que sea visualmente atractiva y que el cliente pueda identificar de inmediato los beneficios que obtendrá al aceptar tu oferta.

En resumen, crear propuestas irresistibles no se trata solo de bajar precios o hacer ofertas agresivas. Se trata de entender profundamente a tu cliente, de comunicar el valor de lo que ofreces de manera clara y directa, y de agregar elementos que hagan que la oferta sea percibida como única y valiosa. La simplicidad, la urgencia, la confianza y la personalización son los pilares sobre los cuales se construyen las mejores propuestas. Cuando logras combinar estos elementos de manera efectiva, no solo aumentarás tus ventas, sino que también crearás relaciones duraderas con clientes que se sentirán felices de haber aceptado tu oferta.

Domina el Proceso de Venta

Dominar el proceso de venta es fundamental para cualquier persona que quiera tener éxito en el mundo de las ventas. Aunque cada venta es única y cada cliente tiene sus propias necesidades, el proceso de venta sigue ciertos pasos universales que, si los entiendes y manejas bien, te permitirán aumentar tus probabilidades de cerrar tratos de manera consistente. El proceso de venta es como una guía, una serie de etapas que te ayudan a llevar a un cliente potencial desde el interés inicial hasta la compra final. Cuanto mejor manejes cada una de estas etapas, más fluido será el proceso y, por lo tanto, más ventas lograrás.

El primer paso en el proceso de venta es la prospección, que consiste en identificar a los clientes potenciales. Este es uno de los aspectos más importantes porque, sin prospectos, simplemente no hay ventas. Muchos vendedores cometen el error de tratar de venderle a todo el mundo, pero la realidad es que no todos son un cliente ideal para lo que estás ofreciendo. Debes ser capaz de identificar a aquellos que realmente tienen el potencial de beneficiarse de tu producto o servicio.

Aquí es donde entran en juego las habilidades de investigación y análisis. ¿Quién es tu público objetivo? ¿Qué tipo de personas o empresas necesitan lo que estás vendiendo? Una buena prospección te ahorra tiempo y esfuerzo, porque te permite concentrarte en aquellos que son más propensos a convertirse en clientes.

Una vez que has identificado a tus prospectos, el siguiente paso es el contacto inicial. Este es el momento en el que te presentas ante el cliente y captas su atención. Puede ser a través de una llamada telefónica, un correo electrónico, una reunión en persona o incluso a través de redes sociales. Lo importante aquí es que el primer contacto sea lo suficientemente atractivo como para generar interés. Tienes que ser claro, conciso y directo. No intentes vender de inmediato. El objetivo de este primer contacto es iniciar una conversación y establecer una relación. Piensa en este paso como una oportunidad para abrir la puerta hacia una relación de confianza con el cliente.

Después del contacto inicial, es hora de hacer una investigación más profunda sobre las necesidades del cliente. A esta etapa se le conoce como calificación. No todos los prospectos que contactes serán buenos clientes potenciales, así que necesitas hacer preguntas clave para determinar si realmente necesitan lo que ofreces, si pueden permitírselo y si tienen la autoridad para tomar una decisión de compra. Este es el momento de descubrir cuáles son sus problemas, qué soluciones están buscando y qué expectativas tienen. Las preguntas abiertas son muy útiles en esta fase porque permiten que el cliente hable más y te dé más información. Recuerda, tu trabajo aquí no es solo vender, sino entender cómo puedes ayudar a resolver sus problemas.

Una vez que has calificado al prospecto y sabes que es un cliente potencial adecuado, llega la etapa de presentación. Esta es la fase en la que presentas tu producto o servicio y explicas cómo puede beneficiar al cliente. Aquí es donde muchos vendedores se emocionan y hablan sin parar sobre las características de lo que están ofreciendo, pero eso es un error. Lo más importante en esta fase no es lo que tú crees que es genial de tu producto, sino cómo tu producto o servicio puede resolver los problemas específicos del cliente. La presentación debe estar centrada en ellos, no en ti. Por eso, es crucial que adaptes tu mensaje a lo que ya aprendiste sobre el cliente durante la fase de calificación. Haz que tu presentación sea personalizada, clara y enfocada en los beneficios más relevantes.

El siguiente paso en el proceso de venta es manejar las objeciones. Es normal que los clientes tengan dudas, preguntas o preocupaciones antes de tomar una decisión. Puede ser que les preocupe el precio, que no estén seguros de si tu producto es lo que realmente necesitan o que tengan dudas sobre cómo funcionará en su situación particular. En lugar de ver las objeciones como un obstáculo, debes verlas como una oportunidad para proporcionar más información y aclarar cualquier malentendido. Si has hecho bien tu trabajo hasta este punto, manejar las objeciones será mucho más fácil, porque ya tendrás una buena idea de lo que le preocupa al cliente. La clave aquí es escuchar con atención y responder de manera calmada y razonable, demostrando que entiendes sus inquietudes y que tienes la solución.

Después de manejar las objeciones, es hora de cerrar la venta. Este es uno de los momentos más cruciales del proceso y también uno de los más temidos por muchos vendedores. El cierre es simplemente pedirle al cliente que tome una decisión. Aunque algunos vendedores lo ven como algo incómodo o agresivo, en realidad, si has seguido bien el proceso hasta este punto, el cierre debería sentirse como una continuación natural de la conversación. Hay muchas técnicas de cierre, desde hacer preguntas directas como "¿Le gustaría proceder con esta opción?" hasta técnicas más sutiles como resumir los beneficios y preguntar cuál le gustaría empezar a utilizar. Lo importante es que lo hagas de manera segura y tranquila, sin miedo a recibir un "no". Recuerda, el cierre no es el final, sino el comienzo de una relación de confianza a largo plazo con el cliente.

Sin embargo, el proceso de venta no termina con el cierre. Una vez que el cliente ha tomado la decisión de comprar, la fase de seguimiento es vital. Este paso es, a menudo, pasado por alto por muchos vendedores, pero es uno de los más importantes. Después de la venta, debes asegurarte de que el cliente esté satisfecho con su compra y de que cualquier problema o duda que tenga se resuelva de inmediato. Un buen seguimiento no solo garantiza la satisfacción del cliente, sino que también abre la puerta a futuras oportunidades de venta, ya sea a través de ventas adicionales o referencias. Los clientes satisfechos son más propensos a recomendarte a otros, lo que significa que un buen seguimiento puede generar aún más ventas en el futuro.

Finalmente, a lo largo de todo el proceso de venta, es importante mantener una actitud positiva y un enfoque orientado al cliente. Las ventas no son solo una transacción; son una oportunidad para ayudar a alguien a mejorar su vida o su negocio. Si te acercas a cada etapa del proceso con una mentalidad de servicio y de proporcionar valor real, no solo tendrás más éxito en cerrar ventas, sino que también construirás relaciones más sólidas y duraderas con tus clientes.

En resumen, dominar el proceso de venta requiere entender cada una de sus etapas y saber ejecutarlas de manera efectiva. Desde la prospección hasta el seguimiento, cada paso es importante y desempeña un papel clave en el éxito general. No se trata solo de seguir un guion, sino de adaptarse a cada situación y a cada cliente, escuchando y respondiendo a sus necesidades. Cuando logras dominar este proceso, no solo cierras más ventas, sino que también te conviertes en un profesional más completo y en alguien en quien los clientes pueden confiar.

Lucie Dupont

Entender su Mente para Vender Más

Entender la mente de los clientes es una de las habilidades más valiosas que puedes desarrollar como vendedor. Si logras comprender cómo piensan, cuáles son sus motivaciones y qué los lleva a tomar decisiones, estarás un paso adelante para poder influir en ellos de manera positiva y hacer que el proceso de venta sea mucho más sencillo. A menudo, cuando un vendedor no alcanza sus objetivos, no es porque tenga un mal producto o no esté trabajando lo suficiente, sino porque no está logrando conectar con lo que el cliente realmente quiere o necesita. Vender más no siempre se trata de hablar más, sino de saber escuchar y leer entre líneas. Se trata de meterse en la mente del cliente y entender lo que lo impulsa a actuar.

Uno de los primeros aspectos que debes entender sobre la mente del cliente es que la mayoría de las decisiones de compra no son completamente racionales, sino emocionales. Aunque las personas suelen decir que toman decisiones lógicas, en realidad, gran parte de lo que compran está impulsado por emociones. Ya sea que se trate del deseo de sentirse seguros, de la necesidad de reconocimiento o de la búsqueda de satisfacción personal, las emociones juegan un papel clave en cualquier decisión de compra. Por eso es importante que, como vendedor, no te enfoques solo en las características técnicas o funcionales de lo que ofreces, sino en cómo hace sentir al cliente. Pregúntate: ¿Qué problema emocional está resolviendo mi producto? ¿Cómo puedo hacer que el cliente se sienta mejor, más feliz o más seguro con esta compra?

Otra cosa importante que debes tener en cuenta es que las personas suelen comprar por motivos propios, no porque tú se los vendas. En otras palabras, el cliente siempre está pensando en sus propios intereses, no en los tuyos. Esto significa que, para vender más, debes ser capaz de alinear lo que ofreces con los deseos y necesidades del cliente. A veces, como vendedores, nos dejamos llevar por el entusiasmo de lo que estamos vendiendo y olvidamos que, al final del día, el cliente está pensando: "¿Qué hay aquí para mí?". Por eso es fundamental que te pongas en el lugar del cliente y veas las cosas desde su perspectiva. Cuando lo haces, puedes adaptar tu enfoque y mensaje para que resuene con lo que realmente importa para ellos.

Un aspecto crucial al entender la mente del cliente es saber que muchas veces las personas tienen miedos e inseguridades que pueden frenar una decisión de compra. Incluso si un cliente está interesado en tu producto, es posible que sienta dudas o preocupaciones sobre si realmente es la mejor opción, si vale la pena el dinero o si cumplirá con sus expectativas. Aquí es donde entra en juego tu capacidad para reducir esas inseguridades y hacer que el cliente se sienta más confiado. Ofrecer garantías, compartir testimonios de otros clientes satisfechos o simplemente escuchar sus preocupaciones y responderlas de manera clara y honesta puede ayudar a disipar esos miedos. Recuerda, un cliente con dudas no compra, pero si logras darle la tranquilidad que necesita, estarás mucho más cerca de cerrar la venta.

El comportamiento del cliente también está muy influenciado por lo que otros hacen o piensan. Este fenómeno, conocido como "prueba social", es una de las herramientas más poderosas en el mundo de las ventas. Las personas tienden a sentirse más cómodas tomando una decisión cuando ven que otros han hecho lo mismo con buenos resultados. Por eso, las reseñas, los testimonios y los casos de éxito son tan efectivos. Si un cliente ve que otros han comprado y están contentos con lo que tú ofreces, es más probable que se sienta inclinado a seguir ese mismo camino. Entender este principio te permite utilizar la prueba social a tu favor, mostrando cómo tu producto o servicio ha hecho la diferencia en la vida de otros.

Un error común que muchos vendedores cometen es asumir que todos los clientes piensan de la misma manera. Esto está lejos de la realidad. Cada cliente es único, tiene sus propias experiencias, valores y prioridades. Algunos están motivados por el precio, otros por la calidad, y otros por la conveniencia. Por lo tanto, parte de entender la mente de tu cliente implica ser capaz de identificar cuál es su prioridad principal. Algunos estarán más preocupados por obtener la mejor oferta, mientras que otros querrán asegurarse de que están recibiendo el producto más exclusivo. Debes ajustar tu enfoque según lo que sea más importante para el cliente con el que estás tratando en ese momento. Escuchar activamente y hacer preguntas es clave para descubrir qué es lo que realmente le importa a cada cliente en particular.

Otra cosa importante que debes saber es que la gente a menudo necesita sentir que está tomando la decisión por sí misma, aunque tú seas quien la guíe en ese proceso. Las personas no quieren sentirse manipuladas o presionadas. En lugar de tratar de forzar una venta, es mejor adoptar un enfoque de guía, donde ayudas al cliente a llegar a su propia conclusión. Haz preguntas que lo lleven a reflexionar sobre sus necesidades y cómo tu producto puede satisfacerlas. Cuando los clientes sienten que han tomado una decisión libremente, es más probable que se sientan satisfechos con su compra y que no se arrepientan después. Esto también te ayuda a generar una relación de confianza, ya que el cliente sentirá que estás interesado en ayudarlo en lugar de solo venderle algo.

La mente del cliente también está profundamente influenciada por el sentido de urgencia y escasez. Si las personas sienten que tienen todo el tiempo del mundo para tomar una decisión, es probable que posterguen la compra. Sin embargo, cuando perciben que tienen una oportunidad limitada, ya sea por tiempo o por disponibilidad, se sienten más inclinados a actuar de inmediato. Es por eso que muchas estrategias de venta incluyen ofertas por tiempo limitado o promociones exclusivas. Cuando introduces un sentido de urgencia de manera genuina, el cliente siente la necesidad de tomar una decisión antes de que pierda la oportunidad. Pero cuidado, no abuses de esta táctica. Si el cliente percibe que la urgencia es falsa o forzada, puedes perder su confianza.

Además de todo lo anterior, entender la mente del cliente también implica ser consciente de que a veces las decisiones de compra son impulsadas por el deseo de evitar el dolor más que de buscar placer. Por ejemplo, una persona puede estar más motivada a comprar un seguro médico para evitar el riesgo de gastos médicos enormes que por el placer de tener protección. En ventas, esto significa que, en lugar de solo enfocarte en los beneficios positivos de lo que ofreces, también puedes abordar lo que el cliente podría perder si no toma acción. Mostrar las posibles consecuencias de no actuar puede ser un motivador poderoso, siempre y cuando lo hagas de manera honesta y sin exagerar.

Finalmente, una de las claves para entender la mente del cliente es saber que la confianza es el factor decisivo en muchas compras. Un cliente solo comprará si confía en ti, en tu producto y en tu empresa. Esa confianza se construye a lo largo del tiempo, a través de cada interacción que tengas con el cliente. Desde el primer contacto hasta el seguimiento después de la venta, todo lo que haces y dices tiene un impacto en cómo el cliente te percibe. Ser honesto, cumplir tus promesas y mostrar un interés genuino en ayudar a tus clientes son formas de fortalecer esa confianza. Recuerda, las ventas no se tratan solo de transacciones, sino de relaciones.

En resumen, entender la mente del cliente es la base para vender más. Las decisiones de compra están impulsadas por emociones, miedos, necesidades y deseos. Si puedes leer entre líneas y conectar con lo que realmente motiva a tus clientes, tendrás una ventaja enorme sobre aquellos vendedores que solo se enfocan en hablar de su producto. Escucha, adapta tu enfoque, genera confianza y haz que el cliente sienta que está tomando la mejor decisión para él. Cuando logras dominar este arte, no solo cerrarás más ventas, sino que también crearás relaciones duraderas y clientes satisfechos que volverán a comprarte una y otra vez.

Lucie Dupont

El Arte de la Negociación

La negociación es una de las habilidades más importantes que cualquier vendedor debe dominar. Aunque muchos piensan que vender y negociar son lo mismo, en realidad son dos cosas diferentes. La venta se trata de ofrecer algo que el cliente necesita o quiere, mientras que la negociación es el proceso mediante el cual se llegan a acuerdos que beneficien tanto al vendedor como al cliente. Negociar es un arte, porque no hay una fórmula única que funcione en todas las situaciones. Cada negociación es única, ya que cada cliente es diferente, con sus propias necesidades, expectativas y preocupaciones. Si puedes aprender a negociar bien, tendrás una ventaja significativa, no solo porque cerrarás más tratos, sino porque lograrás acuerdos que satisfagan a ambas partes.

El primer paso para dominar el arte de la negociación es prepararse adecuadamente. Muchos vendedores cometen el error de pensar que la negociación empieza cuando están frente al cliente, pero en realidad comienza mucho antes. Prepararse significa conocer bien tu producto o servicio, entender los puntos fuertes que puedes destacar, y estar consciente de las posibles objeciones o preocupaciones que el cliente pueda tener. También es importante conocer al cliente. ¿Qué es lo que más le interesa? ¿Qué valoran más: el precio, la calidad, la rapidez de entrega? Cuanto más sepas sobre el cliente y sus necesidades antes de sentarte a negociar, mejor preparado estarás para llegar a un acuerdo que funcione para ambos.

Una de las claves para negociar bien es entender que no siempre se trata de ganar o perder. Las mejores negociaciones son aquellas en las que ambas partes sienten que han ganado algo. A esto se le llama un acuerdo "ganar-ganar". Un error común es pensar que, para que tú ganes, el cliente tiene que perder, o viceversa. Pero la realidad es que cuando ambas partes están satisfechas con el acuerdo, es más probable que esa relación comercial prospere a largo plazo. Esto significa que, al negociar, no deberías enfocarte solo en conseguir lo que tú quieres, sino también en asegurarte de que el cliente obtenga algo valioso. La clave es encontrar un punto medio en el que ambos se sientan beneficiados.

La escucha activa es una herramienta poderosa en cualquier negociación. Muchos vendedores entran en una negociación pensando que su trabajo es hablar y convencer al cliente de aceptar sus términos. Pero en realidad, uno de los aspectos más importantes de la negociación es saber escuchar. Escuchar atentamente lo que el cliente tiene que decir te permitirá entender mejor cuáles son sus preocupaciones, qué es lo que realmente quiere y qué es lo que está dispuesto a negociar. A veces, los clientes no expresan de manera directa lo que buscan, pero si prestas atención a sus palabras y al lenguaje no verbal, puedes identificar pistas clave que te ayudarán a ajustar tu estrategia.

Otro aspecto fundamental en la negociación es la flexibilidad. No siempre obtendrás exactamente lo que quieres, y eso está bien. Negociar no significa ser rígido ni aferrarse a un solo punto de vista. De hecho, uno de los mayores errores que puedes cometer es ser inflexible. Si entras en una negociación con una mentalidad cerrada, es probable que el cliente sienta que no hay espacio para el diálogo, lo que puede hacer que pierdas la venta por completo. Ser flexible no significa ceder en todo, sino estar dispuesto a explorar diferentes opciones. Quizás no puedas bajar el precio, pero puedes ofrecer un plan de pago más conveniente. O tal vez no puedes hacer una entrega más rápida, pero puedes agregar un valor extra que haga la oferta más atractiva para el cliente. La idea es estar dispuesto a negociar en ciertos aspectos para llegar a un acuerdo que funcione para ambas partes.

Además, es importante tener claro cuáles son tus límites antes de entrar en la negociación. Esto se refiere a lo que estás dispuesto a ceder y lo que no. Si no tienes claridad sobre esto, es fácil dejarte llevar por la presión del momento y terminar aceptando un acuerdo que no te beneficia. Antes de negociar, pregúntate: ¿cuál es el mejor resultado que puedo obtener? ¿Cuál es el mínimo que estoy dispuesto a aceptar? Saber hasta dónde puedes llegar te da una ventaja, porque te permite mantenerte firme en ciertos puntos clave sin perder el control de la negociación. Al mismo tiempo, también te da la libertad de ceder en otras áreas sin sentir que estás sacrificando demasiado.

Un buen negociador también sabe cómo manejar el tiempo. La negociación no es algo que se deba apresurar. A veces, la mejor estrategia es tomarse un tiempo para pensar o darle espacio al cliente para que reflexione. Si sientes que la negociación está estancada, no tengas miedo de hacer una pausa. Tomarse un descanso puede ayudar a ambas partes a reconsiderar sus posiciones y volver con una perspectiva más abierta. Además, darle tiempo al cliente para que piense demuestra que no estás desesperado por cerrar el trato, lo que puede hacer que él también se sienta menos presionado. Recuerda que la paciencia es una virtud en la negociación. Los acuerdos rápidos no siempre son los mejores.

Otra técnica importante es utilizar el poder del silencio. Muchas veces, los vendedores sienten la necesidad de llenar cada momento de la negociación con palabras, pero el silencio puede ser una herramienta muy poderosa. Cuando haces una oferta o propones un cambio, no siempre tienes que seguir hablando. A veces, es mejor guardar silencio y dejar que el cliente piense. El silencio puede crear una pequeña tensión que motive al cliente a tomar una decisión o hacer una contraoferta. Además, te da tiempo para observar las reacciones del cliente y ajustar tu enfoque según sea necesario.

También es importante no tomarse las negociaciones de manera personal. A veces, los clientes pueden ser duros o incluso parecer poco razonables, pero debes recordar que es parte del proceso. Si te tomas cada objeción o comentario como algo personal, es probable que te frustres o pierdas la calma. Las negociaciones deben ser profesionales en todo momento. Si el cliente está siendo difícil, en lugar de responder de manera negativa, trata de entender de dónde vienen sus preocupaciones. Mantén la calma y sigue buscando una solución que funcione para ambos. Las emociones fuertes pueden nublar tu juicio y hacer que tomes decisiones equivocadas. Un buen negociador sabe cómo mantener la serenidad, incluso en situaciones tensas.

Finalmente, es esencial cerrar la negociación de manera clara y firme. Una vez que ambas partes han llegado a un acuerdo, es importante asegurarse de que todos los términos sean entendidos y aceptados por ambas partes. A veces, después de una negociación larga, las personas pueden asumir cosas o dar por hecho ciertos detalles, lo que puede causar problemas más adelante. Asegúrate de que todo esté claro, ya sea con un acuerdo verbal firme o por escrito, si es necesario. Esto no solo evita malentendidos, sino que también muestra que eres un profesional que cuida cada detalle del proceso.

En resumen, el arte de la negociación es una combinación de preparación, escucha activa, flexibilidad y paciencia. No se trata de imponerse ni de ganar a cualquier costo, sino de encontrar soluciones que beneficien a ambas partes. Ser un buen negociador requiere práctica, pero una vez que domines estas habilidades, descubrirás que no solo cerrarás más ventas, sino que también construirás relaciones más sólidas y duraderas con tus clientes. Negociar bien no es solo una habilidad útil en las ventas, sino en la vida en general. Cuando entiendes cómo manejar el proceso de manera efectiva, puedes lograr más de lo que imaginabas, tanto en los negocios como en cualquier aspecto de tu vida diaria.

Lucie Dupont

Construyendo Relaciones de Largo Plazo

Construir relaciones de largo plazo con tus clientes es una de las claves más importantes para tener éxito en las ventas. Muchos vendedores se enfocan solamente en cerrar una venta rápida y se olvidan de lo más importante: mantener una relación duradera con el cliente. Si piensas en la venta como una transacción única, estarás perdiendo grandes oportunidades. Las ventas más exitosas no ocurren una sola vez, sino que se construyen sobre una base de confianza y lealtad que se cultiva con el tiempo. Cuando logras crear relaciones a largo plazo con tus clientes, ellos no solo regresan a comprarte una y otra vez, sino que también te recomiendan a otros. En otras palabras, construir relaciones de largo plazo es una inversión en tu éxito futuro.

Lo primero que debes entender sobre las relaciones a largo plazo es que están basadas en la confianza. Si un cliente confía en ti, es mucho más probable que regrese, incluso si existen otras opciones en el mercado. Pero la confianza no se gana de un día para otro. Es algo que construyes a través de cada interacción con el cliente. Desde la primera conversación hasta el seguimiento después de la venta, cada paso que das es una oportunidad para mostrarle al cliente que eres confiable, que cumples tus promesas y que realmente te importa ayudarlo. Si haces esto de manera constante, el cliente comenzará a verte no solo como un vendedor, sino como un aliado, alguien en quien puede confiar a largo plazo.

Un factor importante para construir relaciones de largo plazo es ser auténtico. Los clientes pueden notar fácilmente cuando un vendedor no está siendo sincero o cuando solo está tratando de cerrar una venta rápidamente. Si quieres que tus relaciones con los clientes duren, tienes que ser genuino en tu interés por ellos y sus necesidades. Esto significa que no solo debes enfocarte en vender lo que tú quieres, sino en encontrar la mejor solución para el cliente, incluso si eso significa recomendar algo que no te genere una ganancia inmediata. Cuando el cliente siente que realmente te importa su bienestar y no solo tu propio beneficio, comenzará a confiar más en ti, lo que sienta las bases para una relación a largo plazo.

La comunicación es otro pilar fundamental para construir relaciones de largo plazo. Mantenerte en contacto con tus clientes de manera regular, sin ser invasivo, es clave para mantener viva la relación. No se trata de llamar o enviar mensajes todo el tiempo solo para venderles algo, sino de mantener una comunicación útil y relevante. Tal vez podrías enviarles información sobre cómo sacarle más provecho a un producto que ya compraron o recordarles que tienen un descuento especial por ser clientes frecuentes. Pequeños gestos como estos hacen que el cliente se sienta valorado y demuestran que no lo ves solo como un número más, sino como una persona importante para tu negocio.

El seguimiento después de una venta es crucial. Muchos vendedores se olvidan del cliente una vez que se ha cerrado el trato, pero este es precisamente el momento en que la relación puede fortalecerse o debilitarse. Después de una venta, es importante asegurarte de que el cliente esté satisfecho con su compra y de que no tenga ninguna duda o inconveniente. Un simple mensaje de seguimiento preguntando si todo está bien o si necesitas ofrecer alguna ayuda adicional puede marcar una gran diferencia. Esto no solo muestra que te preocupas por su satisfacción, sino que también abre la puerta para futuras interacciones y ventas.

Otra forma de construir relaciones de largo plazo es ofrecer un excelente servicio al cliente. No importa qué tan bueno sea tu producto, si el cliente tiene una mala experiencia contigo, es probable que no regrese. El servicio al cliente no se limita a resolver problemas cuando surgen, sino a estar siempre disponible y dispuesto a ayudar. A veces, un cliente puede tener dudas sobre algo que parece obvio, pero es importante responder con paciencia y amabilidad. La forma en que tratas a tus clientes en esos momentos de necesidad es lo que realmente puede diferenciarte de la competencia. Si los clientes saben que siempre pueden contar contigo, no solo para venderles algo, sino para brindarles apoyo cuando lo necesiten, es mucho más probable que te vean como alguien con quien quieren hacer negocios a largo plazo.

La empatía también juega un papel crucial en la construcción de relaciones duraderas. Ponerse en el lugar del cliente y entender sus preocupaciones, miedos y deseos te permite conectar con él a un nivel más profundo. La venta no se trata solo de productos o servicios, sino de personas. Cada cliente tiene una historia, una situación particular, y cuando muestras empatía, creas un vínculo que va más allá de la transacción. Al tomarte el tiempo para entender lo que realmente está buscando el cliente, puedes ofrecerle soluciones que se ajusten mejor a sus necesidades, lo que fortalece la relación y aumenta la probabilidad de que vuelva a ti en el futuro.

Otra clave para mantener relaciones a largo plazo es estar siempre dispuesto a aprender y mejorar. El mercado cambia, las necesidades de los clientes evolucionan, y tú también debes estar dispuesto a adaptarte. Esto no solo significa mejorar tu conocimiento sobre los productos que ofreces, sino también prestar atención a las opiniones y comentarios de tus clientes. Si un cliente te da una crítica constructiva o te sugiere una mejora, tómalo en serio. Escuchar lo que tus clientes tienen que decir y ajustar tu enfoque cuando sea necesario es una forma efectiva de mostrarles que valoras su opinión y que estás comprometido a ofrecer el mejor servicio posible.

La lealtad de los clientes también se puede cultivar a través de la reciprocidad. Cuando un cliente siente que ha recibido algo de valor, es más probable que te sea leal. Esto no siempre tiene que ser un descuento o una promoción, aunque esas cosas ayudan. También puede ser algo tan simple como ofrecer información útil, dar un consejo sincero o hacer un esfuerzo adicional para resolver un problema. La clave es asegurarte de que el cliente siempre sienta que está recibiendo más de lo que esperaba. Cuando logras superar las expectativas de tus clientes, ellos te ven como alguien en quien pueden confiar a largo plazo.

Finalmente, no subestimes el poder de la gratitud. Un simple "gracias" puede hacer mucho por una relación. Agradecer a tus clientes por su negocio, por su tiempo y por su confianza es una manera efectiva de fortalecer la relación. La gratitud muestra que no das por sentado su apoyo y que valoras la relación. Esto puede ser tan sencillo como enviar una nota de agradecimiento después de una compra o simplemente agradecerles durante una conversación. Estos pequeños gestos pueden dejar una impresión duradera y hacer que el cliente se sienta valorado.

En resumen, construir relaciones de largo plazo con tus clientes es una estrategia que te traerá muchos más beneficios que solo buscar una venta rápida. Se trata de cultivar la confianza, ser auténtico, mantener una comunicación constante y ofrecer un excelente servicio al cliente. La empatía, la disposición a mejorar y el agradecimiento son elementos esenciales para crear relaciones que perduren en el tiempo. Cuando logras establecer este tipo de relaciones, no solo aseguras ventas recurrentes, sino que también te conviertes en la primera opción en la mente del cliente cada vez que necesite lo que tú ofreces. Las relaciones de largo plazo son la clave para el éxito sostenible en las ventas, y cuanto antes comiences a enfocarte en ellas, más pronto verás los frutos.

Lucie Dupont

Multiplica Tus Ingresos con Ventas Cruzadas y Upselling

Multiplicar tus ingresos con ventas cruzadas y upselling es una estrategia muy efectiva que puedes usar para maximizar el valor de cada cliente y aumentar tus ganancias. Aunque a primera vista puede parecer que estas técnicas están destinadas a hacer que vendas más, en realidad, se trata de ofrecer más valor a tus clientes y mejorar su experiencia general. Vamos a desglosar cómo funciona cada una de estas estrategias y cómo puedes implementarlas para potenciar tus ingresos de manera significativa.

Primero, hablemos de las ventas cruzadas. Esta técnica consiste en ofrecer productos o servicios adicionales que complementan lo que el cliente ya está comprando. La idea es presentar al cliente opciones que puedan mejorar su compra inicial o que sean útiles para ellos en combinación con el producto principal. Por ejemplo, si un cliente está comprando una cámara fotográfica, podrías ofrecerle también una tarjeta de memoria adicional, una funda protectora o un trípode. La clave es asegurarte de que estos productos adicionales realmente complementen la compra principal y aporten un valor real al cliente. La venta cruzada no se trata de vender algo solo porque sí, sino de sugerir artículos que ayuden al cliente a sacar el máximo provecho de su compra.

Para que las ventas cruzadas sean efectivas, debes entender bien qué es lo que tus clientes podrían necesitar junto con su compra principal. Esto requiere conocer los productos o servicios que ofreces y saber cómo se combinan entre sí. También es útil prestar atención a las tendencias de compra y a los patrones de comportamiento de los clientes. Si notas que ciertos productos suelen comprarse juntos, puedes hacer que esas recomendaciones sean parte de tu estrategia de ventas. Por ejemplo, si vendes productos de belleza, podrías ofrecer un conjunto de cuidado de la piel que incluya limpiadores, tónicos y cremas, para que el cliente tenga todo lo necesario para una rutina completa.

El upselling, por otro lado, es una técnica que se enfoca en persuadir al cliente para que compre una versión más cara o mejorada del producto o servicio que inicialmente consideraba. La idea aquí es que, en lugar de simplemente vender más productos, te enfoques en aumentar el valor de la compra del cliente. Por ejemplo, si un cliente está interesado en comprar una computadora portátil básica, podrías ofrecerle una versión con características adicionales, como más memoria RAM o un procesador más rápido, que le brindará un mejor rendimiento. El objetivo es mostrarle al cliente por qué la opción más cara vale la pena y cómo puede mejorar su experiencia o satisfacer mejor sus necesidades.

Para hacer upselling de manera efectiva, es fundamental entender las necesidades y preferencias del cliente. No se trata de forzar una venta más cara solo porque sí, sino de mostrar al cliente los beneficios adicionales que obtendrá al invertir un poco más. Esto requiere un buen conocimiento del producto y la capacidad de comunicar claramente el valor añadido. Si puedes explicar de manera convincente cómo la opción más cara proporcionará una experiencia superior o resolverá problemas adicionales, el cliente estará más dispuesto a considerar la compra.

Ambas técnicas, ventas cruzadas y upselling, funcionan mejor cuando están alineadas con el interés genuino de mejorar la experiencia del cliente. Si solo te enfocas en aumentar tus ganancias sin tener en cuenta lo que el cliente realmente necesita, podrías parecer demasiado insistente o incluso poco sincero. En lugar de eso, piensa en cómo puedes hacer que el cliente se sienta satisfecho y bien atendido con las opciones adicionales que le estás ofreciendo. Esto no solo te ayudará a aumentar tus ingresos, sino que también mejorará la percepción del cliente sobre tu empresa, ya que se sentirá valorado y bien cuidado.

Para implementar estas estrategias de manera efectiva, es útil seguir algunas prácticas recomendadas. Primero, asegúrate de que las opciones adicionales que ofreces sean relevantes y de alta calidad. No tiene sentido recomendar productos que el cliente no encontrará útiles o que no estén a la altura de sus expectativas. Además, presenta las opciones de manera clara y no invasiva. Es importante que el cliente sienta que está tomando una decisión informada, no que está siendo presionado a comprar más. Puedes hacerlo ofreciendo información detallada y permitiendo que el cliente tome su tiempo para decidir.

Otra práctica clave es personalizar tus recomendaciones según el perfil del cliente. Utiliza la información que tienes sobre sus compras anteriores, sus preferencias y su comportamiento para hacer sugerencias más precisas. Si conoces a tu cliente y entiendes sus necesidades, podrás ofrecer recomendaciones que realmente les interesen y que encajen bien con lo que ya están buscando. Esto no solo aumentará las posibilidades de que acepten tus ofertas, sino que también fortalecerá la relación que tienes con ellos, ya que demostrarás que realmente entiendes sus necesidades.

Un aspecto importante del upselling y las ventas cruzadas es el momento en que eliges presentarlas. Hacerlo en el momento adecuado es crucial para el éxito de la estrategia. Por ejemplo, si estás haciendo una venta en línea, puedes mostrar productos complementarios en la página de pago o en el proceso de compra. Si estás en una tienda física, puedes presentar opciones de upselling cuando el cliente está considerando su compra o en el momento en que ya ha mostrado interés en un producto específico. El objetivo es aprovechar el interés del cliente en su compra actual para hacer recomendaciones que parezcan naturales y útiles en ese contexto.

Es importante también medir y analizar los resultados de tus estrategias de ventas cruzadas y upselling. Observa cómo responden los clientes a tus recomendaciones y qué impacto tienen en tus ingresos. Analiza qué tipos de productos o servicios se venden mejor juntos y ajusta tu enfoque en función de los datos que obtengas. Esta información te permitirá mejorar continuamente tus estrategias y adaptar tus ofertas para maximizar tus resultados.

Además, la capacitación de tu equipo de ventas es crucial para el éxito de estas estrategias. Asegúrate de que todos los miembros de tu equipo entiendan cómo funcionan las ventas cruzadas y el upselling y sepan cómo aplicarlas de manera efectiva. Proporciona ejemplos y prácticas para que se sientan cómodos haciendo recomendaciones y presentando opciones adicionales a los clientes. Un equipo bien capacitado será mucho más efectivo en la implementación de estas estrategias y en la generación de mayores ingresos.

En resumen, las ventas cruzadas y el upselling son técnicas poderosas que pueden ayudarte a multiplicar tus ingresos y mejorar la experiencia del cliente. Se trata de ofrecer productos o servicios adicionales que complementen la compra principal o de persuadir al cliente para que considere una opción más avanzada. Al hacerlo de manera relevante, clara y personalizada, puedes aumentar el valor de cada venta y fortalecer tu relación con el cliente. No olvides medir los resultados y capacitar a tu equipo para asegurar el éxito de estas estrategias. Cuando las aplicas correctamente, verás cómo tus ingresos aumentan y tus clientes se sienten más satisfechos con el valor que reciben.

Cómo Gestionar y Crecer tu Riqueza

Gestionar y crecer tu riqueza es uno de los aspectos más importantes si deseas tener éxito financiero a largo plazo. Muchos piensan que ganar dinero es el paso final, pero en realidad, una vez que comienzas a generar ingresos, lo más importante es aprender a administrar ese dinero de manera inteligente. No se trata solo de cuánto dinero puedas ganar, sino de cómo lo manejas y lo haces crecer con el tiempo. Si no gestionas bien tu riqueza, incluso una gran cantidad de dinero puede desaparecer rápidamente. En este capítulo, te explicaré los pasos clave que debes seguir para gestionar y hacer crecer tu riqueza de forma sostenida y consciente.

El primer paso para gestionar tu riqueza es crear un plan financiero sólido. Este plan debe incluir todos tus ingresos, gastos, deudas, inversiones y cualquier otro aspecto relacionado con tus finanzas. La planificación es crucial porque te permite tener una visión clara de dónde estás hoy y hacia dónde quieres llegar. Sin un plan, es fácil perderse en los detalles del día a día y gastar dinero sin rumbo fijo. Un buen plan financiero te da dirección y te ayuda a mantenerte enfocado en tus metas. Comienza anotando todos tus ingresos y todos tus gastos, tanto grandes como pequeños. Esto te dará una imagen clara de cómo estás usando tu dinero y dónde podrías estar desperdiciando recursos.

Una vez que tengas un plan, el siguiente paso es establecer un presupuesto. Un presupuesto es simplemente una forma de organizar tus ingresos y gastos de manera que sepas exactamente cuánto puedes gastar en cada área de tu vida. Cuando tienes un presupuesto, puedes controlar tus finanzas de manera más efectiva y evitar gastar más de lo que ganas. El objetivo es vivir dentro de tus posibilidades mientras sigues ahorrando e invirtiendo una parte de tus ingresos. La clave para un buen presupuesto es ser realista. No se trata de privarte de todo lo que disfrutas, sino de asegurarte de que tu dinero esté trabajando para ti y no al revés. Si sigues tu presupuesto con disciplina, verás cómo tu riqueza comienza a crecer de manera constante.

El ahorro es otro componente fundamental de la gestión de la riqueza. No importa cuánto ganes, siempre debes apartar una parte de tus ingresos para el ahorro. Este hábito te permitirá construir un colchón financiero que te protegerá en momentos de emergencia y te dará la libertad de aprovechar oportunidades cuando se presenten. Ahorrar no significa guardar lo que te sobra al final del mes; significa decidir de antemano cuánto vas a ahorrar y tratarlo como una prioridad. Un buen punto de partida es ahorrar al menos el 10% de tus ingresos. Si puedes ahorrar más, mucho mejor. El ahorro te da seguridad financiera y es una de las bases más sólidas para hacer crecer tu riqueza.

Después de asegurarte de que estás ahorrando de manera constante, el siguiente paso es invertir. Guardar dinero en una cuenta de ahorros está bien, pero si realmente quieres hacer crecer tu riqueza, debes poner ese dinero a trabajar a través de inversiones. Invertir te permite obtener rendimientos sobre tu dinero, lo que significa que con el tiempo puedes ganar más sin tener que trabajar más. Existen muchas formas de invertir, desde la bolsa de valores hasta bienes raíces, fondos de inversión, bonos, y negocios propios. La clave es educarte sobre las diferentes opciones y elegir las que mejor se adapten a tus metas financieras y tolerancia al riesgo. No todas las inversiones son adecuadas para todos, y algunas implican más riesgo que otras. Sin embargo, la regla básica es que cuanto antes comiences a invertir, más rápido podrás ver crecer tu dinero.

Otro aspecto importante de gestionar tu riqueza es minimizar tus deudas. No todas las deudas son malas, pero muchas veces pueden convertirse en una carga si no se manejan adecuadamente. Si tienes deudas, especialmente deudas con intereses altos como tarjetas de crédito, es crucial que las pagues lo antes posible. Cada dólar que pagas en intereses es dinero que podrías estar usando para ahorrar o invertir. Si bien algunos tipos de deudas, como las hipotecas o préstamos para educación, pueden ser necesarios y manejables, debes evitar endeudarte por gastos innecesarios o compras impulsivas. La deuda, si no se controla, puede drenar tus recursos y obstaculizar el crecimiento de tu riqueza.

A medida que gestionas tu riqueza, también es importante estar siempre en busca de maneras de aumentar tus ingresos. Gestionar lo que ya tienes es fundamental, pero encontrar nuevas fuentes de ingresos puede acelerar tu camino hacia la riqueza. Esto puede incluir emprender un negocio propio, desarrollar nuevas habilidades que te permitan obtener un mejor empleo o encontrar oportunidades de inversión que generen ingresos pasivos. Los ingresos pasivos son una de las mejores maneras de hacer crecer tu riqueza, ya que se trata de dinero que sigue entrando sin que tengas que trabajar activamente para obtenerlo. Ejemplos de ingresos pasivos incluyen el alquiler de propiedades, dividendos de acciones o regalías por un libro o producto que hayas creado.

Una vez que comiences a generar más ingresos, es fundamental que no caigas en la trampa de aumentar tus gastos al mismo ritmo. Muchas personas, cuando comienzan a ganar más dinero, también empiezan a gastar más, y al final, no logran acumular riqueza. Para evitar esto, es importante mantener tus gastos bajo control y asegurarte de que una parte de tus ingresos adicionales vaya directamente al ahorro o la inversión. La disciplina financiera es lo que realmente te permitirá mantener y hacer crecer tu riqueza a largo plazo. Cada vez que tus ingresos aumenten, asegúrate de revisar tu plan financiero y ajustar tu presupuesto para que se alineen con tus nuevas metas.

Otro aspecto clave para hacer crecer tu riqueza es la diversificación. La diversificación significa no poner todo tu dinero en una sola inversión o fuente de ingresos. Al diversificar, reduces el riesgo de perderlo todo si una inversión no sale como esperabas. Puedes diversificar invirtiendo en diferentes tipos de activos, como acciones, bonos, bienes raíces o incluso tu propio negocio. La diversificación te permite proteger tu riqueza mientras sigues aprovechando diferentes oportunidades de crecimiento. Cuanto más diversificado estés, más estable será tu situación financiera a largo plazo, y más oportunidades tendrás de aumentar tu patrimonio.

La educación financiera es otro componente fundamental para gestionar y crecer tu riqueza. Si no entiendes cómo funcionan las finanzas, es fácil tomar malas decisiones que puedan costarte caro. Invertir en tu educación financiera es una de las mejores inversiones que puedes hacer. Esto significa leer libros sobre finanzas, tomar cursos, asistir a seminarios y, en general, aprender todo lo que puedas sobre cómo manejar tu dinero de manera efectiva. Cuanto más sepas, más confianza tendrás para tomar decisiones financieras inteligentes y más preparado estarás para aprovechar las oportunidades que se presenten.

Finalmente, es importante tener una mentalidad a largo plazo cuando se trata de gestionar y crecer tu riqueza. La riqueza no se construye de la noche a la mañana, y es probable que enfrentes algunos altibajos en el camino. Sin embargo, si mantienes una visión a largo plazo y sigues siendo disciplinado con tus finanzas, verás cómo tu riqueza crece con el tiempo. No te dejes llevar por las emociones o las tendencias de corto plazo; en su lugar, mantente enfocado en tus metas y sigue trabajando de manera constante hacia ellas. La paciencia y la consistencia son dos de las cualidades más importantes para lograr el éxito financiero.

En resumen, gestionar y hacer crecer tu riqueza requiere una combinación de planificación, disciplina y educación. Crear un plan financiero, ahorrar de manera constante, invertir sabiamente y minimizar tus deudas son los pilares de una buena gestión de la riqueza. Además, buscar siempre nuevas formas de generar ingresos y diversificar tus inversiones te ayudará a acelerar tu crecimiento financiero. Recuerda que la clave del éxito es tener una mentalidad a largo plazo y mantenerte enfocado en tus metas, incluso cuando las cosas se pongan difíciles. Si sigues estos principios, estarás en el camino correcto para construir una riqueza que perdure en el tiempo.

Reinvierte Inteligentemente para Escalar tu Negocio

Reinvertir inteligentemente es uno de los secretos más poderosos para hacer crecer un negocio de manera sostenible. No se trata solo de ganar dinero y guardarlo en una cuenta bancaria. Si realmente quieres escalar tu negocio, debes aprender a poner ese dinero a trabajar de nuevo, para que cada centavo que ganes se convierta en un motor que impulse el crecimiento de tu empresa. Reinvertir significa tomar una parte de las ganancias y destinarlas a áreas estratégicas de tu negocio que puedan generar más ingresos en el futuro. Este proceso es crucial si tu objetivo es expandirte, llegar a más clientes y, en última instancia, hacer que tu negocio sea mucho más rentable.

El primer paso para reinvertir inteligentemente es tener una visión clara de dónde está tu negocio hoy y hacia dónde quieres llevarlo. Si no tienes claro qué áreas necesitan mejorar o dónde puedes encontrar oportunidades de crecimiento, podrías terminar gastando dinero en cosas que no generen un retorno real. Así que, antes de reinvertir, toma el tiempo necesario para analizar tus operaciones, estudiar a tus clientes y evaluar el mercado. Pregúntate cuáles son las áreas que más impacto podrían tener en el crecimiento de tu negocio si se les diera más atención. Puede ser la mejora de tu producto o servicio, la expansión a nuevos mercados, la capacitación de tu equipo o el desarrollo de nuevas estrategias de marketing. Saber exactamente dónde invertir es lo que marcará la diferencia entre crecer de manera efectiva y simplemente gastar dinero sin resultados.

Uno de los lugares más comunes y efectivos donde reinvertir es en el marketing. La publicidad y el marketing bien ejecutados pueden llevar tu negocio al siguiente nivel al atraer más clientes y aumentar tu visibilidad. Si hasta ahora tu marketing ha sido limitado o poco estratégico, reinvertir en esta área puede ser una gran oportunidad. Hoy en día, las plataformas digitales ofrecen muchas maneras de llegar a tu público objetivo, desde las redes sociales hasta la publicidad en motores de búsqueda y el marketing de contenido. Lo importante aquí es no solo gastar dinero en marketing, sino hacerlo de manera estratégica. Define claramente quiénes son tus clientes ideales y qué canales usan para consumir información. Luego, crea campañas diseñadas específicamente para atraer a esos clientes. Un buen retorno de inversión en marketing puede significar un flujo constante de nuevos clientes que ayudarán a aumentar tus ingresos de forma significativa.

Otra área clave en la que puedes reinvertir es en la mejora de tu producto o servicio. Si bien es importante que inviertas en atraer nuevos clientes, también lo es asegurarte de que lo que ofreces realmente cumpla con sus expectativas, o incluso las supere. A veces, mejorar tu producto o servicio puede ser la forma más efectiva de garantizar que los clientes que ya tienes sigan comprando y hablando bien de tu negocio. La lealtad de los clientes es fundamental para el crecimiento, y los productos de calidad son una de las maneras más seguras de conseguirla. Considera invertir en investigación y desarrollo para hacer mejoras, agregar nuevas características o resolver problemas que tus clientes han señalado. También puedes usar los comentarios de tus clientes para identificar las áreas de mejora más urgentes y trabajar en ellas. Al hacer que tu producto o servicio sea lo mejor posible, estarás creando una base sólida para el crecimiento.

El equipo que tienes es otro activo crucial en el que deberías pensar a la hora de reinvertir. Un negocio solo es tan bueno como las personas que lo hacen funcionar, y si tienes un equipo bien capacitado y motivado, tu negocio tendrá muchas más probabilidades de éxito. Considera destinar una parte de tus ganancias a la formación y desarrollo de tu personal. Esto puede significar ofrecer capacitación adicional, mejorar las condiciones laborales o incluso contratar más personas para aliviar la carga de trabajo. Si tus empleados están bien preparados y satisfechos, serán más productivos y estarán más comprometidos con el éxito del negocio. Además, un equipo fuerte y competente te permitirá delegar más tareas, lo que te dará más tiempo para enfocarte en estrategias de crecimiento y expansión.

Reinvertir en tecnología también puede ser una excelente manera de escalar tu negocio. Hoy en día, la tecnología juega un papel clave en la eficiencia operativa y la capacidad de llegar a nuevos mercados. Dependiendo de la naturaleza de tu negocio, podrías considerar invertir en software que te ayude a gestionar mejor tus operaciones, automatizar ciertos procesos o mejorar la experiencia del cliente. Por ejemplo, si manejas una tienda en línea, invertir en una plataforma de comercio electrónico más avanzada o en herramientas de análisis de datos puede ayudarte a optimizar tus ventas y conocer mejor a tus clientes. Si tienes un negocio de servicios, invertir en tecnología que mejore la productividad de tu equipo o que facilite la comunicación con los clientes puede marcar una gran diferencia en tu capacidad para crecer.

Además, es importante considerar la expansión geográfica como una posible área de reinversión. Si tu negocio ha alcanzado cierto éxito en un mercado local, reinvertir en la apertura de nuevas ubicaciones o en la expansión a otras ciudades o países puede ser una excelente manera de escalar. Por supuesto, esto requiere una planificación cuidadosa y una investigación exhaustiva del nuevo mercado al que te diriges. No obstante, si encuentras el mercado adecuado y lo abordas de manera estratégica, la expansión puede aumentar significativamente tus ingresos y la visibilidad de tu marca. Este tipo de reinversión suele implicar un riesgo más alto, pero las recompensas también pueden ser mucho mayores si se hace correctamente.

Otra estrategia inteligente de reinversión es fortalecer la relación con tus clientes actuales. Aunque siempre es emocionante atraer nuevos clientes, no debes olvidar que los clientes existentes son una de tus mayores fuentes de ingresos. Ellos ya conocen tu negocio y, si están satisfechos, es probable que vuelvan a comprar. Reinvertir en la fidelización de clientes puede incluir programas de recompensas, mejoras en el servicio al cliente o incluso la creación de experiencias personalizadas que hagan que tus clientes se sientan valorados. Un cliente fiel no solo sigue comprando, sino que también se convierte en un defensor de tu marca, recomendándote a sus amigos y familiares. Este tipo de marketing boca a boca es extremadamente valioso y puede ayudar a que tu negocio crezca sin necesidad de grandes gastos publicitarios.

Es crucial también reinvertir en crear nuevas líneas de productos o servicios. Si tu negocio se está desempeñando bien en una categoría, podría ser el momento de diversificar tu oferta. Agregar productos o servicios complementarios puede atraer a nuevos clientes y ofrecer más valor a los clientes existentes. Por ejemplo, si tienes un negocio de ropa, podrías considerar agregar una línea de accesorios o calzado. Si ofreces un servicio de consultoría, podrías explorar la creación de cursos en línea o guías descargables. La diversificación no solo te ayuda a atraer más clientes, sino que también puede proteger tu negocio de los cambios en el mercado. Si una línea de productos o servicios no se desempeña bien, tendrás otras fuentes de ingresos que mantendrán a flote tu negocio.

Finalmente, es importante que mantengas un equilibrio entre la reinversión y la acumulación de capital. Aunque reinvertir es esencial para escalar tu negocio, también debes asegurarte de que tienes suficiente capital disponible para cubrir emergencias o aprovechar oportunidades inesperadas. Esto significa que no debes reinvertir todas tus ganancias de una sola vez. Establece un porcentaje de tus ingresos que destinarás a la reinversión y asegúrate de mantener un fondo de reserva para situaciones imprevistas. La prudencia financiera es clave para garantizar que tu negocio pueda seguir creciendo de manera sostenible sin poner en riesgo su estabilidad.

En resumen, reinvertir inteligentemente es una estrategia esencial para escalar tu negocio de manera sostenida. Al identificar las áreas clave que pueden impulsar el crecimiento, como el marketing, la mejora de productos, el equipo y la tecnología, y al tomar decisiones basadas en datos y planificación, estarás colocando tu negocio en una posición sólida para crecer y prosperar. Recuerda que el éxito a largo plazo no se trata solo de ganar dinero, sino de saber cómo usar ese dinero de manera estratégica para hacer crecer tu negocio y aprovechar nuevas oportunidades. Si sigues estos principios, verás cómo tu empresa no solo se mantiene en pie, sino que crece de manera exponencial a lo largo del tiempo.

Lucie Dupont

Aprovecha las Plataformas Online

Hoy en día, si tienes un negocio o estás pensando en comenzar uno, aprovechar las plataformas online no es solo una opción, es una necesidad. Las plataformas digitales han revolucionado la manera en que las personas compran, venden y se conectan entre sí. En un mundo donde casi todo está a solo un clic de distancia, saber cómo utilizar estas herramientas puede marcar la diferencia entre el éxito y el estancamiento. Aprovechar las plataformas online significa usar el poder de internet para aumentar la visibilidad de tu negocio, atraer más clientes y, lo más importante, incrementar tus ventas. En este capítulo te explicaré cómo hacerlo de manera sencilla y efectiva.

Lo primero que debes entender es que las plataformas online te permiten llegar a una audiencia mucho más grande de lo que podrías alcanzar a través de medios tradicionales. Antes, si querías promocionar tu negocio, dependías de la publicidad local, anuncios en periódicos o la radio. Ahora, con el poder de internet, puedes llevar tu mensaje a miles o incluso millones de personas en todo el mundo. Plataformas como las redes sociales, sitios web, blogs y tiendas en línea te dan la posibilidad de conectar con clientes potenciales que de otra manera no tendrían idea de que existes. Y lo mejor de todo es que muchas de estas herramientas son accesibles, fáciles de usar y, en algunos casos, hasta gratuitas.

El primer paso para aprovechar las plataformas online es tener presencia en redes sociales. Las redes sociales como Facebook, Instagram, TikTok, LinkedIn y Twitter son algunas de las herramientas más poderosas que puedes usar para promocionar tu negocio. Estas plataformas te permiten no solo mostrar tus productos o servicios, sino también interactuar directamente con tus clientes, recibir comentarios y construir una relación más cercana con tu audiencia. Sin embargo, no se trata solo de estar en todas las redes; es importante seleccionar las plataformas que mejor se adapten a tu tipo de negocio y a tu público objetivo. Por ejemplo, si tienes un negocio de moda, Instagram o TikTok pueden ser ideales para mostrar tus productos a través de imágenes y videos. Si, en cambio, te dedicas a ofrecer servicios profesionales, LinkedIn puede ser una mejor opción para llegar a otros profesionales y empresas.

Cuando uses redes sociales, es fundamental que crees contenido atractivo y relevante para tu audiencia. No se trata solo de publicar fotos o promociones de tus productos, sino de generar contenido que realmente interese y capte la atención de tus seguidores. El contenido puede incluir desde tutoriales, demostraciones de productos, consejos útiles, historias detrás de tu marca, o incluso mostrar el día a día de tu negocio. Cuanto más interactúes con tu audiencia y más valor les ofrezcas, más confianza generarás en ellos, lo que se traducirá en más ventas a largo plazo. Además, las redes sociales te permiten hacer campañas publicitarias segmentadas, lo que significa que puedes dirigir tus anuncios específicamente a las personas que más probablemente estén interesadas en lo que ofreces. Esto es extremadamente efectivo porque maximiza el uso de tu presupuesto publicitario, asegurando que tu dinero sea bien invertido.

Otra plataforma online que debes aprovechar es tu propio sitio web. Si aún no tienes uno, es el momento de considerar crearlo. Un sitio web es la base de tu presencia online. Aquí es donde puedes mostrar en detalle quién eres, qué haces y por qué los clientes deberían elegirte a ti y no a la competencia. Un sitio web bien diseñado debe ser fácil de navegar, con información clara sobre tus productos o servicios, y debe incluir una forma sencilla para que los clientes se pongan en contacto contigo o realicen una compra si ofreces ventas en línea. Si vendes productos físicos, considera integrar una tienda en línea en tu sitio web. Hoy en día, existen muchas plataformas como Shopify, WooCommerce y otras que hacen que sea muy fácil configurar una tienda en línea, sin necesidad de conocimientos técnicos avanzados.

El comercio electrónico es una de las áreas más emocionantes donde puedes aprovechar las plataformas online. Si vendes productos físicos o digitales, tener una tienda en línea te abre las puertas a un mercado global. Ya no estás limitado a vender solo a personas en tu área local. Con una tienda en línea, cualquier persona en el mundo puede encontrar y comprar tus productos. Además, al tener una tienda en línea, puedes automatizar muchas partes del proceso de venta, lo que significa que puedes estar ganando dinero incluso mientras duermes. Plataformas como Amazon, eBay y Etsy también ofrecen opciones para vender tus productos, y pueden ser una excelente manera de llegar a clientes que ya están buscando lo que ofreces.

Aparte de tener un sitio web o una tienda en línea, otra plataforma que puedes aprovechar son los blogs. Los blogs te permiten compartir contenido relevante y útil para tu audiencia, mientras al mismo tiempo posicionas tu negocio como una autoridad en tu sector. Un blog puede ser una herramienta poderosa para atraer tráfico a tu sitio web, ya que los motores de búsqueda como Google tienden a clasificar mejor los sitios web que ofrecen contenido de calidad. Escribir artículos sobre temas relacionados con tu negocio no solo te ayudará a atraer más visitantes a tu sitio web, sino que también aumentará la confianza de tus clientes en ti. Por ejemplo, si tienes una tienda de productos para mascotas, podrías escribir sobre el cuidado de diferentes tipos de mascotas, consejos para la alimentación saludable o cómo elegir el juguete adecuado. Este tipo de contenido demuestra que realmente te importa el bienestar de las mascotas y no solo estás tratando de vender productos.

Otra forma de aprovechar las plataformas online es a través del correo electrónico. Aunque a veces se pasa por alto, el marketing por correo electrónico sigue siendo una de las formas más efectivas de mantenerse en contacto con tus clientes. Crear una lista de correos electrónicos te permite enviar ofertas, novedades y contenido exclusivo directamente a las bandejas de entrada de tus clientes. Lo mejor del correo electrónico es que te estás comunicando directamente con personas que ya han mostrado interés en tu negocio, lo que aumenta las posibilidades de que respondan positivamente a tus mensajes. Herramientas como MailChimp, Sendinblue o ConvertKit te permiten crear y gestionar campañas de correo electrónico de manera muy sencilla. El correo electrónico es especialmente útil para fidelizar a tus clientes actuales, ya que les permite estar al tanto de tus últimas promociones o novedades, manteniéndolos conectados con tu marca.

Además de todas estas plataformas, no debes olvidar las aplicaciones de mensajería instantánea como WhatsApp y Messenger. Estas plataformas también se han convertido en herramientas poderosas para los negocios. A través de ellas, puedes comunicarte directamente con tus clientes de manera rápida y eficiente. Muchas empresas están utilizando WhatsApp Business para enviar actualizaciones, confirmar pedidos y resolver consultas de clientes en tiempo real. Este tipo de comunicación más personal puede ayudarte a mejorar la experiencia del cliente y aumentar la confianza en tu marca.

Finalmente, si realmente quieres aprovechar al máximo las plataformas online, no puedes ignorar el poder de los anuncios pagados. Aunque es posible atraer a clientes de manera orgánica, es decir, sin pagar por publicidad, la realidad es que los anuncios en plataformas como Google, Facebook o Instagram pueden darte un impulso importante. Los anuncios pagados te permiten llegar a un público más amplio de manera rápida y eficiente, y muchas plataformas te permiten segmentar tu audiencia de forma muy detallada. Esto significa que puedes mostrar tus anuncios solo a personas que tienen más probabilidades de estar interesadas en tu producto o servicio, lo que aumenta las posibilidades de conversión.

En resumen, aprovechar las plataformas online es fundamental para hacer crecer tu negocio en el mundo moderno. Desde las redes sociales hasta el marketing por correo electrónico, pasando por el comercio electrónico y los anuncios pagados, las oportunidades son enormes. Lo más importante es que uses estas herramientas de manera estratégica, pensando siempre en cómo pueden ayudarte a atraer más clientes, mejorar tu visibilidad y aumentar tus ventas. Si lo haces bien, verás cómo tu negocio empieza a escalar de manera constante y sostenible en el tiempo.

Haz que tu Negocio Venda Solo

El sueño de cualquier emprendedor o vendedor es que su negocio funcione casi en automático, que las ventas lleguen de manera constante sin tener que estar todo el tiempo persiguiendo clientes o realizando esfuerzos manuales para cerrar cada transacción. Aunque puede sonar como un objetivo ambicioso, con la estrategia adecuada, es posible crear un sistema donde tu negocio prácticamente venda solo. Esto no significa que no tendrás que trabajar, sino que puedes establecer procesos y herramientas que hagan que las ventas se generen de manera más fluida y eficiente, sin que dependan tanto de tu intervención directa. A continuación te explicaré cómo lograr esto de manera práctica.

Lo primero que necesitas para que tu negocio venda solo es tener un producto o servicio que realmente resuelva un problema o satisfaga una necesidad clara. Si lo que ofreces es algo que la gente necesita o desea de manera natural, será mucho más fácil generar ventas de manera continua. Aquí es donde entra en juego la propuesta de valor. Debes asegurarte de que tu producto o servicio sea lo suficientemente atractivo y diferenciador en el mercado. Pregúntate qué lo hace especial o único en comparación con la competencia. Si puedes responder claramente a esta pregunta y transmitir ese valor a los clientes, habrás dado un paso importante para que las ventas comiencen a llegar sin tanto esfuerzo. Un buen producto prácticamente se vende solo, porque cuando las personas lo prueban y les gusta, lo recomendarán a otros sin que tú tengas que pedirlo.

Una vez que tienes un buen producto o servicio, el siguiente paso es crear sistemas automáticos que ayuden a generar ventas. Esto se puede lograr a través de la automatización de marketing y ventas. Hoy en día, hay muchas herramientas que te permiten automatizar gran parte del proceso de venta. Por ejemplo, puedes usar software de email marketing para enviar correos automáticos a tus clientes cada vez que alguien se suscriba a tu lista de contactos. Estos correos pueden incluir información sobre tus productos, testimonios de clientes satisfechos, ofertas especiales y recordatorios para que los clientes vuelvan a comprar. Al automatizar este tipo de comunicaciones, estarás creando un flujo constante de interacción con tus clientes sin tener que hacerlo manualmente cada vez.

Otra herramienta importante para automatizar ventas es tener una página web optimizada para convertir visitas en clientes. Un sitio web bien diseñado debe estar orientado hacia la venta. Esto significa que debe ser fácil de navegar, con un proceso de compra claro y sencillo. Si vendes productos, asegúrate de que los clientes puedan comprarlos directamente en tu sitio web sin complicaciones. La clave aquí es reducir la fricción. Cuanto más fácil sea para tus clientes realizar una compra, más probable será que lo hagan. Además, puedes integrar herramientas como chatbots, que pueden responder automáticamente a las preguntas frecuentes de los clientes en tiempo real, lo que mejora la experiencia del cliente sin que tú tengas que estar disponible todo el tiempo.

Las redes sociales también juegan un papel importante en este proceso de ventas automáticas. Aunque pueden requerir cierto esfuerzo inicial para construir una presencia sólida, una vez que tienes una base de seguidores comprometidos, las redes sociales pueden funcionar como una máquina de ventas que opera casi por sí sola. Puedes programar publicaciones con anticipación, realizar campañas publicitarias automatizadas que muestren tus productos o servicios a personas interesadas y usar los comentarios y mensajes directos para interactuar con clientes potenciales. Además, si creas contenido atractivo y relevante, tus seguidores lo compartirán, lo que aumentará tu visibilidad sin que tengas que hacer un esfuerzo adicional.

El siguiente componente clave para que tu negocio venda solo es el marketing de contenidos. Esta estrategia se basa en crear contenido útil, educativo o entretenido que atraiga a tu público objetivo y lo guíe hacia la compra de manera natural. Por ejemplo, puedes escribir blogs, crear videos o hacer publicaciones en redes sociales que hablen sobre temas relacionados con tu industria o los problemas que resuelve tu producto o servicio. A medida que más personas encuentren tu contenido valioso, comenzarán a verte como una autoridad en el tema y, cuando necesiten lo que ofreces, serás su primera opción. El marketing de contenidos es una forma eficaz de atraer clientes de manera constante, sin que tengas que estar siempre vendiendo de forma directa.

Otra estrategia para que tu negocio venda solo es la optimización en motores de búsqueda, más conocida como SEO. Si tu sitio web está bien posicionado en Google u otros motores de búsqueda, recibirás tráfico orgánico sin tener que pagar por publicidad o hacer grandes esfuerzos de promoción. El objetivo es que, cuando alguien busque productos o servicios relacionados con lo que ofreces, tu página web aparezca entre los primeros resultados. Para lograrlo, debes trabajar en optimizar tu sitio con palabras clave relevantes, crear contenido de calidad y asegurarte de que la experiencia del usuario en tu página sea excelente. Aunque el SEO puede tomar tiempo, los resultados a largo plazo son extremadamente valiosos porque el tráfico que llega a tu página es gratuito y está compuesto por personas que ya están interesadas en lo que vendes.

Además de la automatización y el SEO, también debes enfocarte en construir relaciones duraderas con tus clientes. Un negocio que vende solo no se basa únicamente en atraer nuevos clientes, sino en mantener a los que ya tienes. La fidelización de clientes es una de las formas más efectivas de generar ventas automáticas, ya que los clientes satisfechos no solo seguirán comprando, sino que también te recomendarán a otros. Implementar programas de lealtad, ofrecer descuentos para compras repetidas o simplemente enviar correos de agradecimiento son maneras sencillas de mantener a tus clientes comprometidos. Cuanto mejor sea la experiencia que ofreces, más probabilidades tendrás de que los clientes sigan volviendo una y otra vez, sin que tengas que persuadirlos en cada ocasión.

Otra técnica que puede ayudar a que tu negocio venda solo es el boca a boca. Cuando ofreces un producto o servicio de calidad y cuidas a tus clientes, ellos naturalmente hablarán bien de ti. Sin embargo, puedes incentivar este proceso al ofrecer programas de referidos, donde los clientes actuales reciben un beneficio cada vez que recomiendan tu negocio a otras personas. Esto puede ser un descuento, un regalo o cualquier otro tipo de incentivo que motive a tus clientes a compartir su experiencia con amigos y familiares. Al crear este tipo de programas, estarás haciendo que tus propios clientes hagan el trabajo de promocionarte, generando ventas adicionales sin ningún esfuerzo directo de tu parte.

Finalmente, una parte importante de hacer que tu negocio venda solo es establecer alianzas estratégicas. Si colaboras con otras empresas o influencers que tengan una audiencia similar a la tuya, puedes aprovechar su alcance para promocionar tu producto o servicio. Estas alianzas pueden ser muy beneficiosas, ya que te permiten llegar a nuevos clientes de manera rápida y efectiva. Por ejemplo, si tienes una tienda de ropa, podrías aliarte con una marca de accesorios o calzado para ofrecer productos combinados. O si ofreces un servicio de consultoría, podrías asociarte con un proveedor de software que complemente tus servicios. Al unir fuerzas con otros negocios, ambos se benefician y puedes obtener ventas adicionales sin hacer un esfuerzo adicional.

En resumen, hacer que tu negocio venda solo es posible cuando implementas una combinación de buenas prácticas como automatización, marketing de contenidos, SEO, relaciones con los clientes y alianzas estratégicas. Estas estrategias te permiten construir un sistema de ventas constante y eficiente, que requiere menos esfuerzo manual y te deja más tiempo para enfocarte en otras áreas de crecimiento. Aunque no sucederá de la noche a la mañana, con paciencia y la estrategia correcta, verás cómo tu negocio empieza a funcionar de manera más autónoma, generando ventas casi sin darte cuenta.

De Vendedor a Inversionista

Convertirse de vendedor a inversionista es uno de los pasos más emocionantes y significativos que puedes dar en tu carrera. Cuando comienzas a vender, tu enfoque está en ganar dinero, aprender a cerrar tratos y mejorar tus habilidades para convencer a los clientes. Sin embargo, una vez que dominas el arte de las ventas y logras generar ingresos consistentes, es natural que te plantees cómo puedes hacer que ese dinero crezca. Aquí es donde entra el mundo de las inversiones. Aprender a invertir sabiamente te permitirá no solo multiplicar tus ingresos, sino también construir una base sólida de riqueza que te ayudará a alcanzar la independencia financiera. En este capítulo, te explicaré cómo puedes hacer esta transición de forma práctica y efectiva.

El primer paso para pasar de vendedor a inversionista es cambiar tu mentalidad sobre el dinero. Como vendedor, probablemente estás acostumbrado a pensar en términos de ingresos inmediatos: cuánto ganas por cada venta, cuántas ventas necesitas hacer para llegar a una cierta meta, y cómo puedes aumentar tus comisiones o ingresos en el corto plazo. Este enfoque es esencial en las ventas, pero para convertirte en un buen inversionista, necesitas pensar en el largo plazo. La clave para construir riqueza a través de inversiones es entender que no se trata de ganar dinero rápido, sino de hacer crecer tu dinero de manera constante y sostenible con el tiempo.

Antes de comenzar a invertir, es importante que tengas tus finanzas personales en orden. Esto significa que debes asegurarte de tener un fondo de emergencia, suficiente dinero ahorrado para cubrir tus gastos básicos en caso de imprevistos. Un fondo de emergencia te da la seguridad de que no tendrás que vender tus inversiones de forma apresurada si surge alguna necesidad financiera. Además, debes tener control sobre tus deudas. Si tienes deudas con intereses altos, como tarjetas de crédito, es recomendable que las pagues antes de comenzar a invertir. Esto se debe a que los intereses de esas deudas pueden ser más altos que los rendimientos que podrías obtener de tus inversiones. Una vez que tus finanzas estén estables y controladas, estarás listo para dar el siguiente paso.

El siguiente paso es educarte sobre las diferentes opciones de inversión. En el mundo de las inversiones, hay muchas alternativas para hacer crecer tu dinero, y no todas son adecuadas para todo el mundo. Algunas de las opciones más comunes incluyen acciones, bonos, fondos mutuos, bienes raíces y negocios. Cada tipo de inversión tiene sus propios riesgos y beneficios, por lo que es importante que investigues bien y entiendas cómo funcionan antes de tomar cualquier decisión. Si bien puede ser tentador dejar que otros tomen decisiones por ti, lo ideal es que te involucres activamente en el proceso y te eduques lo más posible. Hay muchos recursos disponibles, como libros, cursos en línea y videos, que te pueden ayudar a aprender lo básico sobre cómo invertir.

Si eres nuevo en el mundo de las inversiones, una buena forma de empezar es con inversiones simples y accesibles, como los fondos indexados. Los fondos indexados son una de las formas más fáciles y seguras de invertir, especialmente para principiantes. Básicamente, estos fondos son una mezcla de muchas acciones diferentes, lo que te permite diversificar tu dinero sin tener que comprar acciones individuales. Esto reduce el riesgo porque, en lugar de depender del éxito de una sola empresa, tu inversión está distribuida en muchas empresas. Además, los fondos indexados suelen tener comisiones más bajas que otros tipos de inversiones, lo que significa que más dinero se queda en tu bolsillo.

A medida que vayas ganando experiencia y confianza, puedes explorar otras formas de inversión. Por ejemplo, si tienes interés en el sector inmobiliario, podrías considerar invertir en bienes raíces. Este tipo de inversión puede ofrecerte ingresos pasivos si decides comprar propiedades para alquilar. Además, los bienes raíces suelen apreciarse con el tiempo, lo que significa que tu inversión podría aumentar de valor a largo plazo. Sin embargo, invertir en propiedades requiere un capital inicial mayor y una comprensión más profunda del mercado inmobiliario, por lo que es importante que investigues bien antes de dar el paso.

Otra opción interesante para los vendedores que quieren convertirse en inversionistas es invertir en negocios. Como vendedor, probablemente entiendes mejor que nadie cómo funcionan los negocios y lo que se necesita para que una empresa tenga éxito. Esto te da una ventaja única si decides invertir en startups o empresas emergentes. Puedes utilizar tu conocimiento del mercado y tus habilidades de ventas para identificar oportunidades prometedoras y ayudar a estas empresas a crecer. Invertir en negocios puede ser una inversión de mayor riesgo, ya que no todas las empresas tienen éxito, pero si eliges bien, las recompensas pueden ser significativas.

La diversificación es un principio fundamental para cualquier inversionista. Significa que no debes poner todos tus huevos en la misma canasta. En lugar de invertir todo tu dinero en un solo activo, como acciones de una empresa o una propiedad, es más seguro distribuir tus inversiones en diferentes áreas. Esto reduce el riesgo porque, si una inversión no funciona bien, las otras pueden equilibrar las pérdidas. Piensa en las inversiones como una mesa con varias patas. Si una pata falla, las otras mantienen la estabilidad de la mesa. La diversificación no garantiza que no perderás dinero, pero sí puede ayudarte a reducir el impacto de las pérdidas y a proteger tu patrimonio a largo plazo.

Una de las lecciones más importantes que debes aprender como inversionista es la paciencia. Las inversiones, especialmente las que generan riqueza de manera significativa, requieren tiempo para madurar. No te desesperes si no ves resultados inmediatos. El crecimiento del dinero a través de inversiones es un juego a largo plazo, y a menudo es en los años posteriores cuando realmente empiezas a ver el impacto de tu estrategia. De hecho, uno de los errores más comunes entre los nuevos inversionistas es vender demasiado rápido cuando el mercado fluctúa o cuando una inversión no da resultados inmediatos. Recuerda que el mercado tiene altibajos, pero históricamente, las inversiones tienden a crecer con el tiempo.

A medida que vayas construyendo tu portafolio de inversiones, es importante que revises regularmente su rendimiento y hagas los ajustes necesarios. Esto no significa que debas revisar tus inversiones todos los días o hacer cambios constantes. De hecho, muchos inversionistas exitosos adoptan un enfoque más pasivo, revisando su portafolio solo unas pocas veces al año. Sin embargo, es importante que te mantengas informado sobre las tendencias del mercado y las oportunidades que puedan surgir. Si bien no puedes predecir el futuro, mantenerte actualizado te permitirá tomar decisiones informadas y ajustar tu estrategia según sea necesario.

Uno de los beneficios más importantes de ser inversionista es que puedes generar ingresos pasivos. A diferencia de las ventas, donde generalmente tienes que estar activo y trabajando para ganar dinero, las inversiones te permiten generar dinero mientras duermes. Los dividendos de las acciones, los intereses de los bonos y los ingresos por alquiler de propiedades son ejemplos de ingresos pasivos que puedes obtener como inversionista. Con el tiempo, estos ingresos pueden reemplazar tus ingresos activos, lo que te da la libertad de trabajar menos o incluso retirarte antes.

Finalmente, es importante recordar que las inversiones no solo se tratan de ganar más dinero, sino de proteger y hacer crecer tu riqueza a largo plazo. A medida que avances en tu carrera como vendedor e inversionista, desarrollarás una mayor comprensión de cómo manejar tus finanzas de manera inteligente y estratégica. El objetivo final no es solo hacer crecer tu dinero, sino también asegurarte de que estás construyendo una base sólida de estabilidad financiera para ti y tu familia. Cuando logras pasar de vendedor a inversionista, no solo estás multiplicando tus ingresos, sino que también estás tomando el control de tu futuro financiero.

En resumen, la transición de vendedor a inversionista es un paso natural para aquellos que quieren hacer crecer su dinero y alcanzar la independencia financiera. Al educarte sobre las diferentes opciones de inversión, diversificar tu portafolio, tener paciencia y mantenerte informado, puedes convertirte en un inversionista exitoso y generar ingresos pasivos a largo plazo. Este camino no solo te permitirá aumentar tus ingresos, sino que también te dará la libertad financiera que muchos buscan.